Inhalt

Finanztransaktionssteuer - Auswirkungen auf Finanzierung und Risikomanagement deutscher Unternehmen

Kernthesen

Beitrag

Fallbeispiele

Weiterführende Literatur

Impressum

Finanztransaktionssteue - Auswirkungen auf Finanzierung und Risikomanagement deutscher Unternehmen

Gerhard Dengl

Kernthesen

- Seit Jahren wird auf EU-Ebene über die Einführung einer Finanztransaktionssteuer diskutiert, bei der durch jeden Kauf oder Verkauf einer Aktie, einer Anleihe oder eines Derivates ein bestimmter Prozentsatz des Preises als Steuer fällig wird.
- Nun hat die EU-Kommission einen neuen Vorschlag vorgelegt, demzufolge eine solche Steuer ab 2014 fällig werden würde.

- Die deutsche Industrie wehrt sich nach Kräften, da es sich dabei um ein Vorhaben handelt, das eigentlich Banken treffen sollte, jedoch Kollateralschäden in der Realwirtschaft verursacht. Es werden vor allem Auswirkungen auf die Finanzierungskosten und das Risikomanagement befürchtet.
- Dass die Steuer tatsächlich das Finanzsystem stabilisiert, ist indes fragwürdig, da die betroffenen Transaktionen einfach in weniger regulierte Märkte abwandern können.

Beitrag

Neuer EU-Richtlinienvorschlag

Wenn es darum geht, wie die Bankenregulierung indirekt auch die Realwirtschaft in Mitleidenschaft zieht, dann ist neben Basel III, EMIR und Mifid die Finanztransaktionssteuer zu einem weiteren Schreckgespenst geworden - dabei sind die tatsächlichen Auswirkungen dieser Steuer auf deutsche Unternehmen noch gar nicht verlässlich einzuschätzen. Im Februar hat die EU einen neuen Richtlinienvorschlag für die Einführung einer

Finanztransaktionssteuer vorgelegt. Die EU erwartet Einnahmen aus der Steuer in Höhe von bis zu 35 Milliarden Euro jährlich; und das, obwohl der Handel mit Wertpapieren aufgrund der Steuer sinken dürfte. Bei Aktien und Anleihen hält man einen Rückgang von 15 Prozent für realistisch, bei Derivaten sogar von 75 Prozent. Falls dies so kommt, dann würde dadurch der Finanz- und Kapitalmarkt kräftig durcheinander gewirbelt, mit schwer kalkulierbaren Folgen für die Unternehmensfinanzierung und das Risikomanagement. (2), (8)

Finanztransaktionssteuer wird in elf EU-Ländern eingeführt

Die Einführung einer EU-weiten Steuer auf den Handel mit Derivaten, Aktien und Anleihen war bisher hauptsächlich am Widerstand von Großbritannien gescheitert. Nun wird eine Gruppe von elf Ländern, darunter Deutschland und Frankreich, die Steuer im kleinen Kreis einführen. Die Richtlinie sieht die Besteuerung aller Transaktionen mit einem Steuersatz von 0,1 Prozent für Aktien und Anleihen sowie 0,01 Prozent für Derivate vor. Es gilt zum einen das Ansässigkeitsprinzip; danach entsteht die Steuerschuld weltweit, sobald eine der Transaktionsparteien in einem teilnehmenden Mitgliedstaat ansässig ist. Zum anderen gilt das

Ausgabeprinzip, wonach die Steuerschuld auch dann entsteht, wenn das gehandelte Finanzprodukt in einem der teilnehmenden Länder ausgegeben wurde, aber die handelnden Parteien nicht dort ansässig sind. Um der Kritik der Realwirtschaft den Wind aus dem Segel zu nehmen, sind auch Vorschläge enthalten, bestimmte Finanztätigkeiten von der Steuer auszunehmen. Ebenso befreit wären Transaktionen von und mit öffentlichen Einrichtungen. (1), (3), (9)

Deutsche Industrie leistet Widerstand gegen Finanzmarktsteuer

Der Bundesverband der Deutschen Industrie (BDI) bemängelt, die Steuer wirke "überwiegend belastend" und sei wachstumsfeindlich. Die Kapitalbeschaffung werde unnötig verteuert, was wiederum negative Folgen für Investitionen und Beschäftigung habe. Die FDP springt dem Verband zu Hilfe und verspricht, dass sie einer solchen Steuer nur zustimmen würde, wenn sichergestellt sei, dass es nicht zur Verlagerung von Finanzaktivitäten weg vom Standort Deutschland komme. Weiterhin sollte die Steuer so ausgestaltet werden, dass Unternehmen, die am Finanzmarkt ein Absicherungsprodukt für den Export kaufen, keine zusätzlichen Kosten entstehen. Es bleibt abzuwarten, ob diese konkreten Forderungen auch wirklich so umgesetzt werden können. Das Deutsche Aktieninstitut (DAI), ein Lobby-Verband von Unternehmen, die sich durch Aktien oder Anleihen Kapital beschaffen, befürchtet, dass durch die geplante Finanztransaktionssteuer, das Produkt "Aktie" für Privatkunden unattraktiv wird und dass deshalb Unternehmen, die sich hauptsächlich über die Ausgabe von Aktien Kapital beschaffen, mit Nachteilen zu rechnen haben. Die Deutsche Börse und die Deutsche Kreditwirtschaft (DK) warnen vor allem davor, dass die betroffenen Transaktionen "vermehrt in weniger regulierte und intransparente Märkte verlagert werden", was das Risiko sogar noch erhöht, statt es zu verringern. Deutsche Unternehmen, die Absicherungsgeschäfte tätigen wollen, stünden damit nur vor der Wahl, diese zu einem deutlich höheren Preis abwickeln zu können oder auf Anbieter aus intransparenten Märkten auszuweichen. (4), (5), (8)

Trends

Die Zeche zahlen Mittelstand und Kleinanleger

Die Steuer ist von demjenigen zu entrichten, der seinen Firmen- oder Wohnsitz in einem der elf EU-Länder hat, die die Steuer einführen wollen. Dieses "Ansässigkeitsprinzip" soll verhindern, dass die Steuerpflicht dadurch umgangen wird, dass bestimmte Handelsplätze außerhalb der EU genutzt werden. Das Problem dabei: Gerade die Hochfrequenzhändler und Zockerbuden können ihren Firmensitz vergleichsweise rasch verlegen - nämlich in Länder, die die Steuer nicht erheben. Wer das dagegen nicht kann, ist der private Aktiensparer oder der mittelständische Betrieb. Letztlich wird die Steuer also mit hoher Wahrscheinlichkeit nur von den "harmlosen" Finanzmarktteilnehmern bezahlt werden. (6)

EU-Kommission möchte eine Verlagerung von Geschäften vermeiden

In dem EU-Richtlinienvorschlag wurde besonderes Augenmerk auf Vorgaben gelegt, die verhindern sollen, dass Finanzgeschäfte in Länder abwandern, die sich nicht an der Finanztransaktionssteuer beteiligen. So soll etwa durchgesetzt werden, dass auch solche Produkte besteuert werden, die nur einen eindeutigen Bezug zu einem teilnehmenden Staat haben - selbst wenn sie von einer britischen Bank in London im Auftrag eines britischen Kunden gehandelt werden. In jedem Fall soll die Steuer aber für alle Geschäfte gelten, an denen ein Akteur aus den beteiligten EU-Staaten beteiligt ist. Fachleute sehen bei dieser größtmöglichen Definition des Anwendungsbereichs technische Probleme in der Praxis, da in vielen Fällen gar nicht von vornherein klar ist, wer aus welchem Grund steuerpflichtig wird. (7)

Fallbeispiele

EU-Parlament für höhere Steuern im OTC-Handel

In die Diskussion um die Finanztransaktionssteuer bringt das EU-Parlament noch den weiteren Vorschlag ins Spiel, gerade außerbörslich gehandelte Derivate ("Over The Counter", OTC) stärker zu besteuern als diejenigen, die über zentrale Gegenparteien abgewickelt werden. Wenn sich dieser Vorschlag durchsetzt, dann wäre dies einerseits ein weiterer Sargnagel für das Derivategeschäft, das bereits durch die Capital Requirements Regulation (CRR) und die European Markets Infrastructure

Regulation (EMIR) stark beschnitten wurde. Auf der anderen Seite würden aber genau durch eine solche Steuer die professionellen Finanzmarktteilnehmer getroffen, während Privatkunden und Mittelstand geschont würden. (2), (10)

Frankreich hat bereits eine Börsenumsatzsteuer eingeführt

In Frankreich wollte man nicht bis zur endgültigen Einigung auf EU-Ebene warten und hat bereits Ende vergangenen Jahres eine Börsenumsatzsteuer eingeführt, die ähnlich funktioniert wie die geplante Finanztransaktionssteuer. Alles in allem hat die Steuer zumindest bisher keine der Erwartungen, die man von ihr hatte, erfüllt. Im Prinzip ist das gehandelte Volumen in den betroffenen Wertpapieren deutlich zurückgegangen, aber leider sind die erhofften Einnahmen nicht in der prognostizierten Höhe erreicht worden. Anstatt direkt in die besteuerten Aktien zu investieren, sind Investoren auf Wertpapiere ausgewichen, die eine ähnliche Wertentwicklung aufweisen. (11)

Weiterführende Literatur

(1) London Falling

aus Manager Magazin, 16.11.2012, Nr. 12, Seite 100

(2) Knapp daneben / Die Bankenregulierung trifft auch die Realwirtschaft
aus FINANCE - Der Markt für Unternehmen und Finanzen Heft Dezember vom 07.12.2012, Seite 8

(3) EU-Finanzminister beschließen Finanzmarktsteuer
aus Frankfurter Allgemeine Zeitung, 23.01.2013, Nr. 19, S. 10

(4) Widerstand gegen Finanzmarktsteuer BDI warnt vor Belastung der Realwirtschaft - FDP pocht auf Zusagen
aus Börsen-Zeitung, 24.01.2013, Nummer 16, Seite 3

(5) »Vorsorge-Sparer werden bestraft«
aus WirtschaftsWoche NR. 005 vom 28.01.2013 Seite 091

(6) Kein Entkommen
aus WirtschaftsWoche NR. 005 vom 28.01.2013 Seite 094

(7) 35 Milliarden Euro aus Finanzmarktsteuer erhofft
aus Frankfurter Allgemeine Zeitung, 31.01.2013, Nr. 26, S. 9

(8) EU-Finanzsteuerpläne provozieren empörte Kritik Semeta legt Vorschlag für elf Länder vor - Brüssel erwartet drastischen Umsatzeinbruch im Terminhandel
aus Börsen-Zeitung, 15.02.2013, Nummer 32, Seite 3

(9) EU-Finanzsteuer soll möglichst weit reichen
aus Frankfurter Allgemeine Zeitung, 15.02.2013, Nr. 39, S. 13

(10) EU-Parlament für höhere Steuern im OTC-Handel
aus Börsen-Zeitung, 16.02.2013, Nummer 33, Seite 5

(11) Finanztransaktionssteuer - Klassenziel verfehlt! Erhoffte hohe Einnahmen unrealistisch - Politiker sollten von diesem Experiment die Finger lassen
aus Börsen-Zeitung, 27.02.2013, Nummer 40, Seite B9

Impressum

Finanztransaktionssteuer - Auswirkungen auf Finanzierung und Risikomanagement deutscher Unternehmen

Bibliografische Information der deutschen Nationalbibliothek

Die Deutsche Nationalbibliothek verzeichnet diese Publikation in der deutschen Nationalbibliografie; detaillierte bibliografische Daten sind im Internet über http://dnb.d-nb.de abrufbar.

ISBN: 978-3-7379-0529-9

© 2015 GBI-Genios Deutsche Wirtschaftsdatenbank GmbH, Freischützstraße 96, 81927 München, www.genios.de

Alle Rechte vorbehalten. Dieses Werk ist einschließlich aller seiner Teile – z.B. Texte, Tabellen und Grafiken - urheberrechtlich geschützt. Jede Verwertung außerhalb der Grenzen des Urheberrechtsgesetzes bedarf der vorherigen Zustimmung des Verlags. Dies gilt insbesondere auch für auszugsweise Nachdrucke, fotomechanische Vervielfältigungen (Fotokopie/Mikroskopie), Übersetzungen, Auswertungen durch Datenbanken oder ähnliche Einrichtungen und die Einspeicherung und Verarbeitung in elektronischen Systemen.